BEI GRIN MACHT SICH IHR WISSEN BEZAHLT

AF151778

- Wir veröffentlichen Ihre Hausarbeit,
  Bachelor- und Masterarbeit

- Ihr eigenes eBook und Buch -
  weltweit in allen wichtigen Shops

- Verdienen Sie an jedem Verkauf

Jetzt bei www.GRIN.com hochladen und kostenlos publizieren

Michael Rolka

Die Goldhagen-Debatte - Über das Buch "Hitlers willige Vollstrecker - Ganz gewöhnliche Deutsche und der Holocaust"

GRIN Verlag

Bibliografische Information der Deutschen Nationalbibliothek:

Die Deutsche Bibliothek verzeichnet diese Publikation in der Deutschen National-
bibliografie; detaillierte bibliografische Daten sind im Internet über http://dnb.d-
nb.de/ abrufbar.

Impressum:

Copyright © 2001 GRIN Verlag GmbH
Druck und Bindung: Books on Demand GmbH, Norderstedt Germany
ISBN: 978-3-638-93968-3

Dieses Buch bei GRIN:

http://www.grin.com/de/e-book/19274/die-goldhagen-debatte-ueber-das-buch-
hitlers-willige-vollstrecker

GRIN - Your knowledge has value

Der GRIN Verlag publiziert seit 1998 wissenschaftliche Arbeiten von Studenten, Hochschullehrern und anderen Akademikern als eBook und gedrucktes Buch. Die Verlagswebsite www.grin.com ist die ideale Plattform zur Veröffentlichung von Hausarbeiten, Abschlussarbeiten, wissenschaftlichen Aufsätzen, Dissertationen und Fachbüchern.

Besuchen Sie uns im Internet:

http://www.grin.com/

http://www.facebook.com/grincom

http://www.twitter.com/grin_com

Die Goldhagen – Debatte. Über das Buch "Hitlers willige Vollstrecker - Ganz gewöhnliche Deutsche und der Holocaust"

von

Michael Rolka

Ruhr – Universität Bochum
Wintersemester 2000 / 01
Dienstag, 2. Dezember 2003
Studienfach: Geschichte
SiG: Einführung in die
Theorie und Didaktik
der Geschichte: Theorie
und Pragmatik des historischen Lernens

Die Goldhagen – Debatte.

Über das Buch „Hitlers willige Vollstrecker – Ganz gewöhnliche Deutsche und der

Holocaust"

Michael Rolka

Inhaltsverzeichnis

Einleitung

Das Buch „Hitlers willige Vollstrecker – Ganz gewöhnliche Deutsche und der Holocaust" von Daniel Jonah Goldhagen hat besonders in der deutschen Öffentlichkeit zu heftigen Debatten sowohl unter historisch interessierten Lesern als auch unter Wissenschaftlern geführt. Es wurde ihm mehrfach vorgeworfen alle Deutschen über einen Kamm zu scheren, sie als Nazis und Antisemiten zu titulieren und darüber hinaus unwissenschaftlich gearbeitet zu haben. Auch wenn man ihn an einigen Stellen seiner Studie aus den unterschiedlichsten Gründen kritisieren kann, so muss man ihm doch zu gute halten, das er es geschafft hat, dieses Thema aus den Fachkreisen herauszuholen und einer breiten Öffentlichkeit zugänglich zu machen, diese dafür zu interessieren.

Ich möchte im folgenden seine Arbeit vorstellen und seine Erklärungsansätze darlegen. Zudem möchte ich erklären, warum Goldhagens Buch so provokant ist und woran sich die Öffentlichkeit, bzw. viele Historiker stören. Ich möchte darlegen, ob die Kritik an Goldhagen berechtigt ist oder nicht?

Teil I: Aufbau des Buches

Goldhagens Buch lässt sich in vier größere Abschnitte unterteilen, die ich im folgenden vorstellen werde:

1. Ursprünge und Verbreitung des Antisemitismus

Schon gleich zu Beginn seines Buches erklärt Goldhagen, dass Antisemitismus kein „deutsches Problem" gewesen sei. Ihm zufolge hat sich der Antisemitismus durch die Jahrhunderte über ganz Europa verbreitet. Zudem sei der Antisemitismus zunächst kein „rassisch" motivierter Hass gegen Juden gewesen. Die Gründe für den Antisemitismus seien vielmehr religiöser Natur[1], obwohl beide Religionen, Judentum und Christentum, auf der gleichen Grundlage beruhten. Aber die Tatsache, das die Juden Jesus als Messias ablehnten, reichte den Christen aus, um sie als Gegner zu betrachten. Außerdem sahen die Christen in den Juden die Mörder Jesus. Diese schon zu Beginn des Christentums entstandene Abneigung gegenüber den Juden habe sich dann bis in unsere Tage halten und verfestigen können, so das der Antisemitismus in Europa auf einer uralten

---

[1]   Goldhagen, Daniel Jonah: Hitlers willige Vollstrecker – Ganz gewöhnliche Deutsche und der Holocaust, Berlin 1996. S. 48. (im folgenden zitiert als „Goldhagen")

„Tradition" beruhe.[2] Ausgrenzung und Verfolgung sei den Juden also nicht erst während des Nationalsozialismus wiederfahren. Trotzdem unterscheide sich der „europäische Antisemitismus" vom „deutschen Antisemitismus".

Bis ins 19. Jahrhundert hinein unterschied sich der „deutsche Antisemitismus" nicht von seinem „europäischen Vorbild". Erst Mitte des 19. Jahrhunderts habe sich der von je her starke Antisemitismus in Deutschland vom religiösen Antisemitismus zum „rassischen Antisemitismus" gewandelt.[3] Man sah in den Juden keine Religionsgemeinschaft mehr. Statt dessen ging man dazu über, die Juden als eigene „Rasse" zu betrachten[4], die sich darüber hinaus auch noch äußerst aggressiv gegenüber ihren „Gastgeberländern" verhielt. Das ohnehin negative Image der Juden wurde noch schlechter. Goldhagen bezeichnet diese „deutsche Variante" als „eliminatorischen Antisemitismus".[5] Allerdings begründet Goldhagen diesen Wandel nicht. Dafür zeigt er Tendenzen auf, die, also schon sehr lange vor dem Nationalsozialismus, so etwas wie eine „Judenfrage" in den Raum stellten. Es gab, nach Goldhagen, bereits Ende des 19 Jahrhunderts in Deutschland Strömungen, welche die „Judenfrage" durch die Ausrottung[6] der Juden beantworten wollten.[7]

Folgt man dieser Argumentation, wäre der Holocaust nur die logische Konsequenz einer Entwicklung gewesen, die in Deutschland schon sehr früh begonnen hat. Man könnte also sagen, der Antisemitismus sei, auch in seiner Radikalität, in Deutschland so weit verbreitet gewesen, das es unnormal gewesen wäre, kein Antisemit zu sein und es, um es überspitzt auszudrücken, überhaupt keine Alternative zum Holocaust gegeben hätte.

---

[2]   Es sei unmöglich gewesen Christ zu sein, ohne antisemitische Überzeugungen zu Pflegen. Vgl. Goldhagen, S. 62f.

[3]   Antisemitismus sei von je her Anpassungs- und Modernisierungsfähig gewesen und habe sein religiöses Gewand im 19. Jahrhundert abgelegt. Goldhagen, S. 63.

[4]   Goldhagen, S. 77.

[5]   Goldhagen, S. 69, 71ff 107ff.

[6]   Goldhagen, S. 96.

[7]   Goldhagen, S 94 – 97.

2. Antisemitismus in Deutschland vor und während des Nationalsozialismus

Im zweiten Teil seines Buches beschreibt Goldhagen die Situation der Juden vor und während des Nationalsozialismus in Deutschland.

Zu Zeiten des Kaiserreiches und der Weimarer Republik existierte der „eliminatorische Antisemitismus" bereits in der deutschen Gesellschaft. Allerdings sei es nie, so Goldhagen, zu Ausschreitungen und Pogromen gegenüber dem jüdischen Teil der Bevölkerung gekommen. Dafür ausschlaggebend sei aber die staatliche Ordnung gewesen, nicht aber ein weniger stark ausgeprägter Antisemitismus. Das die deutschen Juden bis 1933 also weitestgehend unbehelligt in Deutschland leben konnten, sei alleine dem Staat zu verdanken gewesen, welcher Ausschreitungen gegenüber einem bestimmten Bevölkerungsteil nicht geduldet hätte[8]. Zumindest die physische Unversehrtheit konnte der Staat den Juden garantieren, so Goldhagen. Beschimpfungen und andere Formen der Diskriminierung hätte aber auch der Staat nicht verhindern können.

Im Nationalsozialismus habe die Situation aber ganz anders ausgesehen. Schon kurz nach der Machtübernahme durch Hitler kam es zu ersten offiziellen, vom Staat geförderten Aktionen gegen die jüdische Bevölkerung. Goldhagen erwähnt hier den Boykott jüdischer Geschäfte im April 1933.[9]

Noch im selben Jahr wurden verschiedene Gesetze erlassen, welche die Juden diskriminierten. Goldhagen bezieht sich hier auf das „Gesetz zur Wiederherstellung des Berufsbeamtentums"[10] und die Nürnberger Gesetze[11]. Diese, von der überwiegenden Mehrheit der deutschen Gesellschaft begrüßten Gesetze, schlossen die Juden schon sehr früh aus dem öffentlichen Leben aus und reglementierten auch weitestgehend das Privatleben der in Deutschland lebenden Juden. Aber bei der durch Gesetze geregelten Diskriminierung sei es nicht geblieben und sehr schnell kam auch die physische Gewalt hinzu.[12] Einen ersten Höhepunkt, so Goldhagen, stelle hier die „Reichskristallnacht" dar.[13] Und gerade die Reaktionen der Bevölkerung auf dieses Ereignis mache deutlich, wie tief der eliminatorische Antisemitismus in der deutschen Gesellschaft verankert gewesen sei.

---

[8] Goldhagen, S. 98f.
[9] Goldhagen, S. 118.
[10] Goldhagen, S.119.
[11] Goldhagen, S. 126f.
[12] Goldhagen, S. 118 – 120.
[13] Goldhagen, S. 129 – 135.

3. Die Täter

Im dritten und wichtigsten Teil seines Buches geht Goldhagen auf diejenigen ein, ohne die der Holocaust nicht möglich gewesen wäre, nämlich die Männer und Frauen, die bereitwillig bei der „Endlösung" mitgearbeitet haben. Dies tut er exemplarisch an drei „Mordinstitutionen": den Polizeibatallionen, den Arbeitslagern und den Todesmärschen. Er versucht jeweils die Täter und deren Umfeld, vor allem aber auch ihre Taten, zu beschreiben und die Beweggründe der Täter für ihr handeln darzulegen.

3.1. Die Polizeibatallione

Die erste Institution, deren Täter Goldhagen beschreibt, sind die Polizeibatallione. Er tut dies sehr ausführlich am Beispiel des Polizeibatallions 101. Dieses sei in Polen an zahlreichen Massenerschießungen von Juden beteiligt gewesen, bzw. hat diese alleine durchgeführt.[14] Goldhagen richtet seinen Blick auf das Handeln der Täter und ihre Motivation. Dabei stellt er fest, das die Angehörigen der Polizeibatallione ausnahmslos freiwillig an den Erschießungen teilgenommen haben.[15] Es habe nämlich einen Befehl Himmlers gegeben, der es jedem Angehörigen der Polizeibatallione ermöglichte, sich von diesen Erschießungen freistellen zu lassen. Und auch die Kommandeure vor Ort waren so „menschlich", niemanden dazu zu zwingen. Denn sowohl Himmler als auch die Kommandeure seien um das Wohl ihrer Männer besorgt gewesen. Es hätten aber nur sehr wenige von dieser Möglichkeit gebrauch gemacht[16]. Und diejenigen, die sich freistellen ließen, so Goldhagen, taten dies nicht aus der Überzeugung, das die Ermordung von Juden moralisch nicht vertretbar sei. Das Motiv für die Freistellung sei immer nur persönlicher Ekel vor dieser Arbeit gewesen, da es schmutzige Arbeit war, bei der man sich durchaus auch mit dem Blut der Opfer besudeln konnte.[17] Mitleid gegenüber den Opfern sei niemals der Grund gewesen, weswegen ein Polizist sich hätte freistellen lassen. Die Ermordung der Juden sei also auch in den Augen derer, die sich freistellen ließen, durchaus gerechtfertigt gewesen. Als weiteres Argument für diese These führt Goldhagen die Erschießungen von Polen an. Diese,

---

[14]   Goldhagen, S. 277f. Hier findet sich eine Aufstellung der größeren Mordeinsätze des Polizeibatallions 101.
[15]   Goldhagen, S. 255f, 263f, 298 – 302.
[16]   Goldhagen, S. 265.
[17]   Goldhagen, S. 38, 261.

so Goldhagen, habe die Polizisten seelisch stark mitgenommen.[18] Und niemand habe mit Spaß Polen erschossen, wie sie es, laut Goldhagen, bei den Juden taten. Über das Mitgefühl der Täter für ihre Opfer habe also nur die Tatsache entschieden, ob jemand Jude war oder nicht.

Auch beschreibt Goldhagen die Hinrichtungen an sich. Er stellt fest, dass die Polizisten mit Spaß gemordet hätten. Die Art und Weise, wie sie ihre Opfer töteten, ließe keine andere Schlussfolgerung zu.

Darüber hinaus hat sich Goldhagen für die Herkunft der Täter interessiert. Hier musste er feststellen, das es sich bei den Batallionsangehörigen um „ganz gewöhnliche Deutsche" handele.[19] Zum einen seien sie überdurchschnittlich alt[20], zum anderen für den normalen militärischen Dienst teilweise nicht tauglich gewesen. Auch ihre politische Gesinnung wies sie nicht als glühende Verfechter des Nationalsozialismus aus.[21] Auch während ihrer Ausbildung, die ohnehin völlig unzureichend gewesen sei, sei nicht versucht worden, sie in ihrer politischen Einstellung zu beeinflussen, sprich sie zu nazifizieren.[22] Es sei also nicht die Nationalsozialistische Ideologie gewesen, die sie veranlasst habe, Juden zu ermorden, sondern der eliminatorische Antisemitismus, der jedem Deutschen innegewohnt habe.

3.2. Die Arbeitslager

Bei der Untersuchung der Arbeitslager geht Goldhagen ebenso vor, wie bei den Polizeibatallionen. Er geht exemplarisch auf einige dieser Arbeitslager genauer ein, um die Situation der Häftlinge und das Handeln der Aufseher zu beschreiben. Grundsätzlich führt Goldhagen an, dass der Begriff „Arbeitslager" an sich irreführend sei. Offiziell dienten diese Lager wohl zur Produktion wirtschaftlicher oder kriegswichtiger Güter. Allerdings sei die Produktion so gering gewesen, wenn überhaupt vorhanden, das diese nicht weiter ins Gewicht fiele und zu vernachlässigen sei.[23] Grund für die geringe Produktivität sei die Behandlung der Gefangenen gewesen. Zum einen sei die Versorgung[24] der Gefangenen völlig unzurei-

---

[18] Goldhagen, S. 286f.
[19] Goldhagen, S. 246ff
[20] Goldhagen, S. 250.
[21] Goldhagen, S. 248ff.
[22] Goldhagen, S. 251.
[23] Goldhagen, S. 349f, 360, 378f, 434.
[24] Angefangen bei der Ernährung, über die hygienischen Verhältnissee bis hin zur medizinischen Versorgung. Vgl.: Goldhagen, S.360f, 400,402.

chend gewesen, so das diese schon rein körperlich nicht in der Lage wären, produktiv zu arbeiten. Zum anderen sei man ohnehin nicht daran interessiert gewesen, die Gefangenen so zu behandeln, dass sie hätten arbeiten können.[25] Allerdings müsse man zwischen Juden und Nichtjuden unterscheiden. Letztere seien sehr viel besser behandelt worden als die jüdischen Gefangenen.[26] Die Ideologie der Nazis sei nun mal auf die Vernichtung der Juden ausgerichtet gewesen, so das man selbst ihre dringend benötigte Arbeitskraft zur Produktion von zum Teil kriegswichtigen Gütern dieser Ideologie unterordnete. Die deutsche Führung habe sich so gesehen ins eigene Fleisch geschnitten, in dem sie dieses Arbeitspotential nicht genutzt habe.[27]

Die körperliche Verfassung der Gefangenen sei aber nicht nur auf die mangelnde Ernährung zurückzuführen. Und damit kommt Goldhagen wieder zu den Tätern, nämlich dem Lagerpersonal. Das Personal habe sich durch äußerste Brutalität gegenüber den Gefangenen und speziell gegenüber den jüdischen Gefangenen ausgezeichnet.[28] Kleinste Vergehen gegen die Lagervorschriften, so Goldhagen, führten zu drakonischen Strafen. Wenn sie Glück hatten, seien die Gefangenen nur geprügelt oder ausgepeitscht worden, im schlimmsten Fall, der nach Goldhagen die Regel war, wurden sie getötet. Das habe im Ermessen des jeweiligen Aufsehers gelegen. Die Aufseher hätten über Leben und Tod eines jeden Gefangenen entscheiden können.

Für die Beschreibung der Täter nennt Goldhagen ein Frauenlager. Die Gefangenen Frauen seien auch von Frauen bewacht worden. Das es sich bei den Aufsehern um Frauen gehandelt habe, hätte aber keinerlei Auswirkung auf die Behandlung der Gefangenen und speziell der jüdischen Gefangenen gehabt. Die Aufseherinnen seien genau so brutal gewesen, wie ihre männlichen Kollegen und hätten denen in punkto Grausamkeit in nichts nachgestanden.[29]

Goldhagen beleuchtet auch hier wieder die Herkunft der, in diesem Fall, Täterinnen und Täter. Er kommt auch hier wieder zu dem Schluss, das es sich um „ganz gewöhnliche Deutsche" gehandelt habe,[30] die aus allen Schichten der Gesellschaft stammten. Auch bei den Aufseherinnen und Aufsehern in den Arbeitslagern habe

---

[25] Goldhagen, S. 347f, 350f, 355 – 365.
[26] Goldhagen, S. 348f, 368 – 373, 402f.
[27] Goldhagen, S. 471.
[28] Goldhagen, S. 351 – 359, 361 – 365, 401 – 406.
[29] Goldhagen, S. 394 – 399.
[30] Ebenda.

es sich nicht unbedingt um glühende Verfechter der nationalsozialistischen Ideologie gehandelt. Die meisten hatten, salopp formuliert, mit den Nazis recht wenig am Hut. Dann stelle sich natürlich die Frage, warum die Aufseher/Innen trotzdem bereitwillig an der Ermordung tausender Juden teilgenommen haben? Goldhagen beantwortet diese Frage wieder mit dem, seiner Ansicht nach, in der deutschen Gesellschaft tief verwurzelten eliminatorischen Antisemitismus.

3.3. Die Todesmärsche

Die dritte Mordinstitution, welche Goldhagen betrachtet, sind die Todesmärsche, die gegen Ende des Krieges stattfanden, um den vorrückenden Alliierten die Greueltaten zu verheimlichen, die von den Deutschen begangen worden sind. Auch hier richtet Goldhagen seinen Blick auf die Täter und deren Handeln. Dies tut er wieder an einem konkreten Beispiel und zwar am Beispiel des Todesmarsches vom Lager Helmbrechts.[31] Dieser Todesmarsch sei 293 Km lang gewesen[32] und habe zahlreichen Gefangenen das Leben gekostet. Die Verhältnisse, unter denen dieser Todesmarsch stattfand, seien Beispielhaft für alle Märsche dieser Art gewesen. Die Gefangenen mussten diese 293 Km bei völlig unzureichender Verpflegung und unter den widrigsten Wetterbedingungen zurücklegen. Zu der schlechten Verpflegung und dem schlechten Wetter kamen die Brutalitäten der Aufseher/Innen und die dem Wetter völlig unangemessene Bekleidung der Gefangenen. Einige sollen nicht einmal Schuhe gehabt haben. Viele seien einfach an Entkräftung gestorben, des Nachts erfroren[33], verhungert[34] oder von den Aufsehern, wenn sie nicht mehr mithalten konnten, erschossen worden. Die wenigsten, so Goldhagen, haben diesen Marsch überlebt.

Auch hier fragt er wieder nach dem Grund für derart unmenschliche Taten. Denn laut Goldhagen habe es einen Befehl von Himmler gegeben, vor allem keine Juden mehr zu töten,[35] da er bereits mit den Alliierten in Verhandlungen stünde und seine Position nicht durch solche Unternehmungen gefährden wolle. Allerdings habe dieser Befehl die wenigsten Täter erreicht. Und selbst die, die dieser Befehl erreicht habe, hätten ihn ignoriert und weiterhin gemordet.[36] Da stelle sich natür-

---

[31]   Goldhagen, S. 390.
[32]   Vergleiche dazu bei Goldhagen die Karte auf S. 408.
[33]   Goldhagen, S. 410f.
[34]   Goldhagen, S. 408ff.
[35]   Goldhagen, S. 418.
[36]   Goldhagen, S. 431f.

lich auch wieder die Frage nach der Motivation der Täter, zumal sie nicht mehr hätten töten müssen und dürfen. Und auch hier habe Goldhagen feststellen müssen, dass diejenigen, die mordeten, nicht zum harten Kern der Nationalsozialisten gehört haben. Es waren auch hier wieder „ganz gewöhnliche deutsche" Frauen und Männer, die aus den unterschiedlichsten Gründen zu diesen Einheiten gekommen seien. Einige hätten sich freiwillig gemeldet, andere seien für den militärischen Dienst nicht tauglich gewesen und seien rein zufällig in ihre jetzige Position gekommen. Grund für ihr Handeln sei, wie auch schon an den anderen Beispielen für Goldhagen belegt, die antisemitische Einstellung gewesen[37] und nicht der Glaube an den Nationalsozialismus.

4. Die Motivation für den Völkermord

Im vierten Teil seines Buches fast Goldhagen seine Ergebnisse noch einmal zusammen. Er erklärt nochmals ausdrücklich, das der Genozid ohne die Mithilfe der „gewöhnlichen Deutschen" nicht hätte stattfinden können. Als die Nazis an die Macht gekommen waren, sei der eliminatorische Antisemitismus schon so stark in der deutschen Gesellschaft verbreitet gewesen, das die Nazis dahingehend nicht mehr viel an Propaganda hätten leisten müssen, um die Deutschen von der Gefährlichkeit des Judentums zu überzeugen.[38] Auch die „Endlösung der Judenfrage", von der laut Goldhagen die meisten Deutschen gewusst haben müssen, habe in der Bevölkerung Zustimmung gefunden,[39] da ansonsten nicht so viele Deutsche bereitwillig am Genozid aktiv teilgenommen hätten. Grund für den Holocaust sei somit der Antisemitismus der Deutschen. Der Nationalsozialismus sei lediglich der Auslöser gewesen, der zudem die Rahmenbedingungen schuf.[40]

---

[37]   Goldhagen, S. 471f.
[38]   Goldhagen, S. 490f.
[39]   Goldhagen, S. 487, 489,490.
[40]   Goldhagen, s. 491.

Teil II. Goldhagens Erklärungsansatz

Goldhagen richtet seine Aufmerksamkeit in seiner Studie auf die Täter, also auf diejenigen, die am Holocaust aktiv beteiligt waren. Er möchte herausarbeiten, welche Einstellung und Motivation zugrunde lag, um an einem Völkermord teilzunehmen.[41]

Das Hauptziel seines Buches sei es, zu erklären, wie es zum Holocaust gekommen sei.[42] Dafür müsse man drei Themenbereiche untersuchen: die Vollstrecker, den deutschen Antisemitismus und die deutsche Gesellschaft während des Nationalsozialismus.[43] Einen besonderen Schwerpunkt müsse man dabei auf die Täter legen. Man müsse herausarbeiten, wer sie waren, wie sie töteten, unter welchen Umständen sie töteten und warum sie töteten, wodurch sie motiviert wurden, unschuldige Menschen zu ermorden.[44] Aber genau dieser Aspekt sei in der bisherigen Forschung kaum beachtet worden. Um dies zu erreichen müsse man zunächst einmal den Tätern ihre Identität zurückgeben. Man dürfe die Täter bei den Schilderungen ihrer Taten nicht ausblenden.[45] Dazu gehöre auch, das man die Täter in erster Linie als Deutsche und erst in zweiter Linie als SS – Angehörige, als Polizisten oder Lageraufseher betrachte.[46] Zudem sei es unerlässlich auch die Hinergründe der Täter zu beleuchten, da sich daraus auch Rückschlüsse auf ihr Handeln ziehen ließen.[47]

Ferner bedürfe es einer Analyse der deutschen Gesellschaft vor und während des Nationalsozialismus und einer Analyse des deutschen Antisemitismus.[48] Denn Goldhagen beschreibt den Holocaust als ein spezifisches Merkmal der deutschen Gesellschaft. Insofern sei die Ausrottung der Juden in den Mittelpunkt einer Analyse der deutschen Gesellschaft zu stellen, zumal laut Goldhagen die überwiegende Mehrheit von der Massenvernichtung gewusst haben müsse. Denn das Regime habe nicht allzu konsequent versucht dieses zu verheimlichen. Laut Goldhagen sei der Genozid auf allgemeines Verständnis, ja sogar Zustimmung gestoßen.[49] Die antisemitische Einstellung der Deutschen sei also die zentrale

---

[41] Goldhagen, S. 16
[42] Goldhagen S. 17.
[43] Ebenda.
[44] Goldhagen, S. 18.
[45] Goldhagen. S. 19.
[46] Goldhagen, S. 19f.
[47] Goldhagen. S, 20
[48] Goldhagen, S. 20.
[49] Goldhagen, S. 21.

Triebkraft für den Holocaust gewesen.[50] (Dies bedeutet aber gleichzeitig, das die Schuld der Nationalsozialisten am Holocaust gemindert wird, da diese ja so gesehen nur Strömungen für sich nutzen, die bereits vorhanden waren und nicht erst erzeugt werden mussten. Und das heißt, alle Deutschen waren durch und durch antisemitisch eingestellt und hätten nur auf eine Gelegenheit gewartet, ihre jüdischen Landsleute zu ermorden. (Anm. des Verf.)). Jeder Deutsche, der in die entsprechende Position gekommen wäre, hätte laut Goldhagen auch am Völkermord teilgenommen.[51] Deshalb sei eine Untersuchung der Täter von zentraler Bedeutung. Denn unzureichendes Wissen über die Täter habe zu Mythen und Missverständnissen geführt.[52]

Bisherige Theorien, so Goldhagen seien davon ausgegangen, das die Täter ihrem Handeln neutral oder abweisend gegenüberstanden und die Identität ihrer Opfer keine Rolle gespielt habe. Das die Opfer Juden waren, sei also unerheblich.[53] Und diese Herangehensweise lehnt Goldhagen ab. Er geht davon aus, das die Täter durch eine bestimmte Form des Antisemitismus motiviert waren, Juden zu töten und dies als gerechtigt ansahen.[54]

Man müsse also neben der Handlung selber, auch erklären, wie es dazu kam, das die Deutschen so bereitwillig an der Vernichtung der Juden teilnahmen. Neben der Handlung des Tötens müsse man aber auch untersuchen, wie sich die Täter ansonsten ihren Opfern gegenüber verhielten, da dies auch Rückschlüsse auf die Motivation der Täter zuließe.[55]

Fazit

Der Grund, warum Goldhagens Buch gerade in der Öffentlichkeit so populär ist, liegt mit Sicherheit an der Art und Weise, wie er es geschrieben hat. Goldhagens Studie ist halt kein „trockener" Abriss historischer Fakten, der wahrscheinlich viele interessierte Leser abgeschreckt hätte, sich mit dem Buch und diesem Thema zu beschäftigen. Aber genau das ist ein Punkt, an dem ihn die Fachwissenschaft kritisiert hat. Es fehlt Goldhagen, so die Kritik, schlicht und ergreifend an der nötigen Distanz zu dem Geschehen, um es sachgerecht aufarbeiten zu können.

---

[50]   Goldhagen, S. 22.
[51]   Goldhagen, S. 22.
[52]   Goldhagen, S. 23.
[53]   Goldhagen, S. 27.
[54]   Goldhagen, S. 27f.
[55]   Goldhagen, S. 30ff.

13

Goldhagen versucht aber gar nicht erst objektiv, so weit das überhaupt möglich ist, an das Thema heranzugehen (wie er ja auch selber sagt), was sich vielleicht auch aus seiner Biografie erklären lässt. Er versucht das Grauen, das die Menschen damals jeden Tag erlebt haben, dem Leser nahezubringen und eben nicht „klinische" Erklärungen zu liefern, [56] wie es bisher in der Forschung die Regel gewesen sei. Detaillierte Schilderungen von Erschießungen mögen nicht unbedingt die fachgerechteste Methode sein, um die deutsche Geschichte aufzuarbeiten und zu erklären (was wahrscheinlich schwierig genug ist); wenn man es aber auf diesem Weg schafft, eine breite Öffentlichkeit für das Thema zu interessieren, ist dies gerechtfertigt. Warum sonst haben sich zum Beispiel die Fernsehreihen von Guido Knopp einer so großen Beliebtheit erfreut?

Nimmt man Goldhagens Buch und seine Thesen für sich, ohne auf andere Literatur zurückgreifen, klingt das, was er sagt plausibel und logisch. Kennt man aber die Kritik an dem Buch und liest es mit dieser Kritik im Hinterkopf, stellt sich einiges natürlich anders da. Insofern ist die Kritik berechtigt. Aber der Erfolg gibt ihm recht, wenn auch auf Kosten des wissenschaftlichen Arbeitens.

---

[56] Goldhagen, S. 38.

Literaturverzeichnis

Goldhagen, Daniel Jonah: Hitlers willige Vollstrecker – Ganz gewöhnliche Deutsche und der Holocaust, Berlin 1996.

Bibliographie

Monographien:

Adam, Uwe Dietrich: Judenpolitik im dritten reich, Düsseldorf 1972.

Almog, Shmuel: Nationalism and Antisemitism in Modern Europe, 1815 until 1945, London 1990.

Bankier, David: die öffentliche Meinung im Hitler – Staat. Die „Endlösung" und die Deutschen. Eine Berichtigung, Berlin 1995.

Bein, Alexander: Die Judenfrage, Biographie eines Weltproblems, 2 Bd., Stuttgart 1980.

Braun, Christina von und Ludger Heid (hrsg.): Der ewige Judenhass. Christlicher Antijudaismus, Deutschnationale Judenfeindlichkeit, rassistischer Antisemitismus, Stuttgart 1990.

Browning, Christopher R.: Ganz normale Männer. Das Reserve – Polizeibatallion 101 und die „Endlösung" in Polen, Reinbek 1993.

Gutman, Yisrael und Michael Berenbaum (Hrsg.): Anatomy of the Auschwitz Death Camp, Bloomington 1994.

Hilberg, Raul: Die Vernichtung der europäischen Juden, Frankfurt/M. 1990.

Hilberg, Raul: Täter, Opfer, Zuschauer. Die Vernichtung der Juden 1933 – 1945, Frankfurt/M. 1992.

Kershaw, Ian: Popular Opinion and political dissent in the Third Reich: Bavaria 1933 - 1945, Oxford 1983.

Kershaw, Ian: Der NS – Staat. Geschichtsinterpretation und kontroversen im Überblick, Reinbek 1994.

16

Milfull, John (Hrsg.): Why Germany? National Socialist Anti – Semitism in the European Context, Providence 1993.

Schwarz, Gudrun: Die nationalsozialistischen Lager, Frankfurt/M. 1990.

Strauss, Herbert A. und Norbert Kampe, (Hrsg.): Antisemitismus. Von der Judenfeindschaft zum Holocaust, Bonn 1984.

Wollenberg, Jörg (Hrsg.): Niemand war dabei und keiner hat's gewusst. Die deutsche Öffentlichkeit und die Judenverfolgung 1933 – 1945, München 1989.

<u>Artikel:</u>
Bauer, Yehuda: The Death Marches, January – May, 1945, in: Michael R. Marrus (Hrsg.), The Nazi Holocaust.

Bein, Alexander: Der jüdische Parasit, in VfZ, Jg. 13, 1965.

Boberach, Heinz: Quellen für die Einstellung der deutschen Bevölkerung und die Judenverfolgung 1933 – 1945, in: Büttner (Hrsg.): Die Deutschen und die Judenverfolgung im Dritten Reich.

Glaser, Hermann: Die Mehrheit hätte ohne Gefahr von Repressalien, fernbleiben können, in: Jörg Wollenberg: Niemand war dabei und keiner hat's gewusst.

Herbert, Ulrich: Arbeit und Vernichtung: Ökonomisches Interesse und Primat der „Weltanschauung" im Nationalsozialismus, in: Dan Diner (Hrsg.): Ist der Nationalsozialismus Geschichte?

Kershaw, Ian: The Persecution of the Jews and German Popular Opinion in the Third Reich, in: Leo Baeck Yearbook 26, 1981.

Krakowski, Shmuel: The Death Marches in the period of the Evacuation of the Camps, in: The Nazi Concentration Camps.